罗宾和里斯

罗宾在骑自行车。

先后有序

[英] 亚尼内·阿莫斯 / 著　　[英] 安娜贝尔·斯彭斯利 / 绘
[英] 雷切尔·安德伍德 / 幼教顾问　　贾洪宝 / 译

图书在版编目（CIP）数据

先后有序 /（英）阿莫斯著；贾洪宝译. — 北京：知识产权出版社，2016.1
（我能管好自己）书名原文：Taking turns

ISBN 978-7-5130-3311-4

I. ①先… II. ①阿… ②贾… III. ①品德教育 — 儿童教育 — 家庭教育 IV. ① G78

中国版本图书馆 CIP 数据核字 (2015) 第 013384 号

First published in the United Kingdom by Cherrytree Books, 1997
Copyright©Evans Brothers Ltd.
This edition published under licence from Pila Books Limited.
This edition is only available for sale in Mainland China.

责任编辑：李 潇　　　　　　　　　　责任校对：董志英
装帧设计：于 静　　　　　　　　　　责任出版：刘译文

我能管好自己 ⑤
先后有序
[英] 亚尼内·阿莫斯 著　　[英] 安娜贝尔·斯彭斯利 绘
[英] 雷切尔·安德伍德 幼教顾问
贾洪宝 译

出版发行：知识产权出版社有限责任公司	网　　址：http://www.ipph.cn
社　　址：北京市海淀区马甸南村 1 号	邮　　编：100088
责编电话：010-82000860 转 8133	责任邮箱：elixiao@sina.com
发行电话：010-82000860 转 8101/8102	发行传真：010-82000893/82005070/82000270
印　　刷：北京中科印刷有限公司	经　　销：各大网上书店、新华书店及相关专业书店
开　　本：787mm×1092mm　1/16	字　　数：40 千字
版　　次：2016 年 1 月第 1 版	印　　张：2
ISBN 978-7-5130-3311-4	印　　次：2016 年 1 月第 1 次印刷
京权图字：01-2015-0584	定　　价：9.00 元

出版权专有 侵权必究
如有印装质量问题，本社负责调换。

里斯也想骑。

里斯推开罗宾,骑上了自行车。

里斯一边骑着车,一边开心地哼着歌。

罗宾感到既伤心又愤怒,忍不住大声哭了起来。

里斯开心地骑了一圈又一圈。

罗宾擦干眼泪,冲到里斯面前,抢回了自行车。

里斯拉住罗宾,不让他骑走自行车。罗宾和里斯吵了起来。

吉尔老师跑了过来。"罗宾,你看上去很难过。"

"里斯,你看上去也很生气。到底发生了什么事?"吉尔老师问。

里斯说:"我想骑自行车。"

罗宾生气地对里斯说:"我骑着自行车,你一把推开了我。你不能那样做。"

吉尔老师问:"你们都想骑自行车,那该怎么办呢?"

罗宾说:"我们可以轮流骑,我骑完了就给里斯。"
吉尔老师说:"是个好主意!你和里斯商量一下吧。"

"我们两个轮流骑,怎么样?我骑三圈,然后你骑。"罗宾对里斯说。

"好吧,"里斯说,"我先计数。"

罗宾开始骑车转圈,里斯站在一边计数。

现在轮到里斯了,罗宾按约定将自行车交给了里斯。

罗宾和里斯轮流骑了自行车,都非常高兴。

温迪和乔

温迪在玩滑梯,她头朝下往下滑。

乔也想玩滑梯。
"温迪,你快点儿滑!"乔着急地对温迪喊道。

乔等不及了,匆匆滑下来,可温迪还在滑梯上。

她们撞在了一起！

"你把我撞疼了。"温迪说。
"你也把我撞疼了。"乔说。

"怎么做才能使我们不相撞呢?"乔问。
"我们定个规则吧。"温迪说。

现在,温迪滑完后,会站在下面朝乔招手……

乔看到温迪招手后,才开始从上面往下滑。

 想一想

两个人都想要同一样东西时,难免会发生争执。但如果提前商量好规则,大家轮流来,就可以解决这个问题。